LE FRANÇAIS

PAR

la méthode directe et par l'image

2ᵉ COURS (Cours préparatoire).

Correspondant, dans certaines écoles, au *Cours Enfantin* (2ᵉ *Année*).

(Livre de l'élève)

PAR

V. GUILLEMET

Professeur Principal Hors classe de l'Enseignement du 1ᵉʳ degré
Directeur des Ecoles primaires de Saigon

—————✶—————

ÉDITÉ PAR

L'IMPRIMERIE DE L'UNION, NGUYỄN-VĂN-CỦA
157, RUE CATINAT, SAIGON

PUBLICATIONS DE PROPAGANDE ET DE VULGARISATION

EXTRAIT

DU

SU' PHẠM HỌC KHOA

Journal des écoles paraissant le lundi

PUBLIÉ PAR

la Direction de l'Enseignement primaire en Cochinchine

SOUS LE CONTROLE DE

la Direction de l'Instruction publique en Indochine

LE FRANÇAIS

PAR

la méthode directe et par l'image

2ᵉ COURS (Cours préparatoire).

Correspondant, dans certaines écoles, au *Cours Enfantin* (2ᵉ *Année*).

Livre de l'Élève

PAR

V. GUILLEMET

Professeur Principal Hors classe de l'Enseignement du 1ᵉʳ degré

Directeur des Ecoles primaires de Saigon

ÉDITÉ PAR

L'IMPRIMERIE DE L'UNION, NGUYỄN-VĂN-CỦA

RUE CATINAT, SAIGON, 157

SƯ PHẠM HỌC KHOA

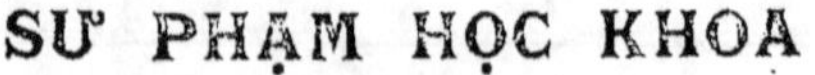

Tập **SƯ-PHẠM HỌC-KHOA** định giá bán như sau nầy:

Giá đồng niên tập S.P.H.K. (cả phần thầy giáo và phần học trò): **9 $ 00.**

Phần học trò riêng ra là:

Tập trương phụ **A** (Lớp Âu học sơ giai). . . . . .   2 $ 00
  id.   **B** (Lớp Âu học thứ giai)   2   00
  id.   **C** (Lớp Âu học chung giai) . . .   2   00

Những vị giáo sư và viên quan Annam, nếu thâu nhận giùm gởi cho bổn-quán những số bạc mua báo ấy thì bổn-quán sẽ tính cho một phần huê hồng 5%.

CÁCH BÁN GÓP.

Cho những vị ở châu-thành Saigon và Cholon thì địn' cho mua góp từ tháng, mà tháng đầu phải trả trước 2 $ 00 rồi sau mỗi tháng góp 1 $ 00 cho đủ số 9 $ 00.

N.B.— Nếu ngưng một tháng thì không gởi báo.

LỤC-TỈNH TÂN-VĂN
(LỤC-TỈNH TÂN-VĂN & NAM-TRUNG NHỰT-BÁO RÉUNIS)
JOURNAL QUOTIDIEN

ABONNEMENTS :

Un an.	12 $ 00	Trois mois.	3 $ 50
Six mois.	6 50	Le numéro.	0 05

Les abonnements partent du 1er et 16 de chaque mois et sont payables d'avance.

Prière d'adresser toute la correspondance, tous mandats ou chèques à M. NGUYÊN-VAN-CUA, *Imprimerie de l'UNION, 157, rue Calinat, Saigon.*

CẤM NHẶT. — Những bài vở trong **SƯ-PHẠM HỌC-KHOA** *và trong* **LỤC-TỈNH TÂN-VĂN** *không được dịch ra tiếng nước khác hay là đem vô trong sách, trong nhựt-trình nào cả, hoặc làm ra cuốn sách khác.*

LE FRANÇAIS
par la méthode directe et par l'image

2ᴱ COURS

1ʳᵉ LEÇON.

I. — EXERCICE DE LANGAGE.

Comment t'appelles-tu ? *Comment* **s'appelle-t-il ?**
Je m'appelle .... *tu t'appelles* .... *il s'appelle* ....

⁂

II. — LECTURE.

1· *Texte :*

Comment t'appelles-tu ?
Je m'appelle........
Comment **s'**appelle-t-il ?
Il **s'**appelle...........
Je m'appelle Sinh ; tu t'appelles Mạnh.

2· *Éléments syllabiques semblables :*

Comment	comm**ent**	*tu*
*E*cole	lent*em***ent**	*du*
Côté	dent	*su*
Copie	pen*ché*	*lu*

⁂

III. — COPIE. — ÉCRITURE.

Comment t'appelles-tu ?
Je m'appelle Sinh.
Tu t'appelles Mạnh.
Il s'appelle Trinh.

2ᵉ LEÇON.

I. — EXERCICE DE LANGAGE.

Comment **vous** *appelez-vous ?*
Nous *nous appelons Trinh, Mạnh* **et** *Sinh.*
Vous vous appelez Trinh, Mạnh et Sinh.
Comment s'appellent-ils ?
Ils s'appellent Trinh, Mạnh et Sinh.

☆☆

II. — LECTURE.

1ᵉ *Texte*

Comment **vous** *appelez-vous ?*
Nous *nous appelons Trinh, Mạnh* **et** *Sinh.*
Vous vous appelez Trinh, Mạnh et Sinh
Comment s'appellent-ils ?
Ils s'appellent Trinh, Mạnh et Sinh.

2ᵉ *Éléments syllabiques semblables :*

nous	*app*e**lez**	appel**ons**
vous	*nez*	*avons*
cou	*allez*	**ton**
joue	*avez*	**son**
bouche	lev**ez**	

☆☆

III. — COPIE. — ÉCRITURE.

Comment vous appelez-vous ?
Nous nous appelons Trinh, Mạnh et Sinh.
Vous vous appelez Trinh, Mạnh et Sinh.
Comment s'appellent-ils ?
Ils s'appellent Trinh, Mạnh et Sinh.

3ᵉ LEÇON.

I. — EXERCICE DE LANGAGE.

Mạnh, lève-toi	Mạnh et Sinh, levez-vous
— *Je* **me** *lève*	— *Nous nous levons*
— *Mạnh, tu* **te** *lèves*	— *Vous vous levez*
— *Monsieur, il* **se** *lève*	— *Ils se lèvent*

II. — LECTURE.

1· *Texte :*

Je **me** *lève*	*Nous nous levons*
Tu **te** *lèves*	*Vous vous levez*
Il **se** *lève*	*Ils se lèvent*

2· *Éléments syllabiques semblables :*

me	**lè**ve	**ils** *se lèvent*
mê**me**	é**lè**ve	**ils** *écrivent*
gom**me**	**mê**me	**ils** *savent*
som**mes**	tê*te*	**ils** *donnent*

III. — COPIE. — ÉCRITURE.

Je me lève	*Nous nous levons*
Tu te lèves	*Vous vous levez*
Il se lève	*Ils se lèvent*

~~~~~~~~~~

4ᵉ LEÇON.

I. — EXERCICE DE LANGAGE.

Je **suis debout**	*Nous* **sommes** *debout*
Tu **es** *debout*	*Vous* **êtes** *debout*
Il **est** *debout*	*Ils* **sont** *debout*
Les élèves Mạnh et Trực sont debout	
~~~~~~~~~~

II. — LECTURE.

1· Texte :

Je **suis debout**	*Nous* **sommes** *debout*
Tu **es** *debout*	*Vous* **êtes** *debout*
Il **est** *debout*	*Ils* **sont** *debout*

Les élèves Mạnh et Trực sont debout

2· Éléments syllabiques semblables :

suis	*tu* **es**	**mes**	*ils* **sont**
lui	*il* **est**	*les*	*ils* v**ont**
ce**lui**-ci	*les*	*ses*	*ils* **ont**
ce**lui**-là	*des*	*c'***est**	*ils* **f**ont

✩✩

III. — COPIE. — ÉCRITURE.

Je suis debout	*Nous sommes debout*
Tu es debout	*Vous êtes debout*
Il est debout	*Ils sont debout*

Les élèves Mạnh et Trực sont debout.

5ᵉ LEÇON.

Học ôn lại bốn bài trước. | Revision des quatre leçons précédentes.

6ᵉ LEÇON.

I. — EXERCICE DE LANGAGE.

Le **banc**	**un** *banc*
La table	**une** *table*
Le **tableau**	*un tableau*
Le **mur**	*un mur*
La **porte**	*une porte*
La **fenêtre**	*une fenêtre*
Le **bureau**	*un bureau*

✩✩

II. — LECTURE.

Le **banc,**	**un** *banc*
La table,	**une** *table*
Le **tableau,**	*un tableau*
Le **bureau,**	*un bureau*
Le **mur,**	*un mur*
La **porte,**	*une porte*
La **fenêtre,**	*une fenêtre*

2· *Éléments syllabiques semblables :*

devant	*table*	**porte**
avant	**bl**anc	*le* **bord**
blanc	*table**au***	**por**te *plume*
banc	**bleu**	*Je* **sors**

⁂

III. — COPIE.

Le banc,	*un banc*
La table,	*une table*
Le tableau,	*un tableau*
Le mur,	*un mur*
La porte,	*une porte*
La fenêtre,	*une fenêtre*
Le bureau,	*un bureau*

⁂

IV. — DICTÉE.

(Viết trọn hay là một phần bài tập đọc). | (Tout ou partie du texte de la leçon de lecture.)

7e LEÇON.

I — EXERCICE DE LANGAGE.

Le **crayon**,	un crayon
La **plume**,	une plume
Le **porte-plume**,	un porte-plume
Le **livre**,	un livre
La **règle**,	une règle
Voici, voilà, ceci, cela.	

II. — LECTURE.

La **plume**, une plume
Ceci, cela
La **règle**, une règle
Le **crayon**, un crayon
Le **porte-plume**, un porte-plume
Le **livre**, un livre
Voici, voilà.
Ceci est un crayon et ceci est une règle
L'élève Mạnh me montre **son** crayon et son livre
Voilà la règle de Minh, **celle-ci** est la règle de Mạnh.

2 *Éléments syllabiques semblables :*

plume	crayon	voici	moi
place	je croise	voilà	toi
plus	encre	je vois	je croise

III. — COPIE.

La plume, une plume
Ceci, cela.
La règle, une règle.

Le crayon, un crayon.
Le porte plume, un porte-plume.
Le livre, un livre.
Ceci est un crayon et ceci est une règle.
L'élève Mạnh me montre son crayon et son livre.
Voilà la règle de Minh, celle-ci est la règle de Mạnh.

IV. — DICTÉE.

(Viết trọn hay là một phần bài tập đọc). | (Tout ou partie du texte de la leçon de lecture.)

8ᵉ LEÇON.

I. — EXERCICE DE LANGAGE.

La **place,** *une place*
Ma, ta, sa, notre, votre, leur
Mon, *ton, son livre.…*
Je **vais** *au tableau…*
Nous **allons** *à notre place.…*

II. — LECTURE.

1· Texte :

La **place,** *une place*
Ma, ta, sa, notre, votre, leur
Mon, ton, *son.…*
Ma place, la plume, sa table
Mon livre, ton porte-plume, son crayon
Notre banc, votre règle, leur école.

2 Éléments syllabiques semblables :

livre	*règle*	**leur**
*j'ou***vre**	*fenêtre*	*long***ueur**
*je cou***vre**	*la tête*	*larg***eur**

III. — COPIE.

La place, une place
Ma, ta, sa, notre, votre, leur
L'école, une école
Mon, ton, son . . .
Ma place, ta plume, sa table
Mon livre, ton porte-plume, son crayon
Notre banc, votre règle, leur école.

IV. — DICTÉE.

(Viết trọn hay là một phần bài tập đọc). | (Tout ou partie du texte de la leçon de lecture.)

9ᵉ LEÇON.

I. — EXERCICE DE LANGAGE.

La **classe**, *la* **cour**
Première, **deuxième**, **troisième**
J'ouvre, *je* **ferme**
Je **sors**, *j'***entre**.

II. — LECTURE.

1ᵉ Texte :

La **classe**, *la* **cour**
Première, deuxième, troisième
J'ouvre *la porte de la classe*
Tu **fermes** *la fenêtre de la classe*
Je **sors** *de la classe et je vais dans la cour*
Les élèves **entrent** *en classe*
Voici la première classe, voici la deuxième classe,
voici la troisième classe.

2° *Éléments syllabiques semblables :*

première	*je vais*	**cour**
dernière	*je fais*	*ll* **courbe**
arrière	*je sais*	*un* **jour**

III. — COPIE.

La classe, la cour
Première, deuxième, troisième
J'ouvre la porte de ma classe
Tu ouvres la fenêtre de la classe
Je sors de la classe et je vais dans la cour
Les élèves entrent en classe
Voici la première classe, voici la deuxième classe, voici la troisième classe.

IV. — DICTÉE.

(Viết trọn hay là một phần bài tập đọc). | (Tout ou partie du texte de la leçon de lecture.)

10ᵉ LEÇON.

Học ôn lại bốn bài trước. | Revision des 4 leçons précédentes.

11ᵉ LEÇON

I. — EXERCICE DE LANGAGE.

Le **maître**
La **craie**
Le **bâton** *de craie, un* **morceau** *de craie*
Le **chiffon**
Je **prends**
Je **ramasse.**

II. — LECTURE.

1° Texte :

Le maître, *un maître; la* **craie**, *de la craie ;*
un **morceau** *de craie ; le* **chiffon.**
Je ramasse *le chiffon.*
Tu prends *un morceau de craie.*
Nous ramassons nos *livres.*
Vous prenez *un morceau de craie* **sur** *le bureau du*
maître.
Il y a un chiffon près *du bureau.*

2° Éléments syllabiques semblables :

bureau	**ch**i**ff**on	*bou***ch**e
tableau	**ch**eveu	*gau***ch**e
morceau	**ch**aise	*blan***ch**e

III. — COPIE.

Le maître, un maître ; la craie, de la craie ; un morceau de craie,
le chiffon.
Je ramasse le chiffon.
Tu prends un morceau de craie.
Nous ramassons nos livres
Vous prenez un morceau de craie sur le bureau du maître
Il y a un chiffon près du bureau.

IV. — DICTÉE.

(Viết trọn hay là một phần bài tập đọc). | (Tout ou partie du texte de la leçon de lecture.)

12ᵉ LEÇON.

I. — EXERCICE DE LANGAGE.

Le papier, *le* **cahier**
Une gomme
Noir, **blanc**
Celui-ci, celui-là
J'écris, J'efface, J'essuie.

II. — LECTURE.

1 *Texte :*

Une gomme, *la gomme.*
Le papier, *du papier ;* le **cahier**, *un ca-*
hier ; un tableau **noir;** *du papier* **blanc.**
L'élève **écrit** *sur le tableau noir* **avec de**
la craie.
Tu effaces *la craie avec le* **chiffon.**
Manh **essuie** *le tableau noir.*

2 *Éléments syllabiques semblables :*

papier	noir	essuie
cahier	soir	.ui
janvier	devoir	ce'ui
février		la nuit

III. — COPIE.

Une gomme, la gomme
Le papier, du papier ; le cahier, un cahier ;
Un tableau noir, du papier blanc
L'élève écrit sur le tableau noir avec de la craie
Tu effaces la craie avec le chiffon
Manh essuie le tableau noir

IV. — DICTÉE.

(Viết trọn hay là một phần bài tập đọc). | (Tout ou partie du texte de la leçon de lecture.)

13ᵉ LEÇON.

I. — EXERCICE DE LANGAGE.

La **tête**
Les **cheveux**, le **front**, les **deux yeux**
Mes yeux sont ouverts, les yeux de Sanh sont fermés
Droit, gauche.

II. — LECTURE.

1· Texte :

La tête; les **cheveux**; le **front**; les **yeux**.
Voici ma tête : elle est couverte de cheveux.
Mes cheveux sont noirs.
J'ai un front et deux yeux ; voici mon **œil droit**,
  voici mon œil **gauche**.
Mes yeux sont ouverts, les yeux de Sanh sont fermés.

2· Éléments syllabiques semblables :

cheveux	œil	je ferme
deux	fauteuil	ouvert
ceux	feuille	couvert
bleu		couverture

III. — COPIE.

La tête ; les cheveux; le front ; les yeux
Voici ma tête ; elle est couverte de chèveux
Mes cheveux sont noirs

J'ai un front et deux yeux
Voici mon œil gauche ; voici mon œil droit
Mes yeux sont ouverts, les yeux de Sanh sont fermés.

☆
☆☆

IV — DICTÉE.

(Viết trọn hay là một phần bài tập đọc). | (Tout ou partie du texte de la leçon de lecture.)

14ᵉ LEÇON.

I. — EXERCICE DE LANGAGE.

Le **nez**, *la* **bouche**, *les* **dents**.
Le **menton**, *les* **joues**, *les* **oreilles.**

☆
☆ ☆

II. — LECTURE.

1· Texte :

Le **nez**, *un nez ; la* **bouche**, *les* **dents**, *le*
menton, *les* **joues**, *les* **oreilles**.
Voici mon nez
Au-dessous *du nez se trouve la bouche.*
Dans la bouche, il y a des dents.
Mes dents sont blanches.
Mon menton est **rond**
Nous avons deux joues et deux oreilles.

2· Éléments syllabiques semblables :

dans	**nez**	**mes**
dent	*fermé*	*je me***ts**
menton	*pied*	*le maître*
janvier	*je m'assie***ds**	*la lettre*

☆
☆ ☆

III. — COPIE.

Le nez, un nez ; la bouche, les dents, le menton, les joues, les oreilles.
Voici mon nez
Au-dessous du nez se trouve la bouche
Dans la bouche, il y a des dents
Mes dents sont blanches
Mon menton est rond
Nous avons deux joues et deux oreilles.

* *
*

IV. — DICTÉE.

(Viết trọn hay là một phần bài tập đọc). | (Tout ou partie du texte de la leçon de lecture.)

15ᵉ LEÇON.

Học ôn lại bốn bài trước. | Revision des quatre leçons précédentes.

16ᵉ LEÇON.

I. — EXERCICE DE LANGAGE.

Le cou, l'épaule, le bras, la main, le doigt
1, 2, 3, 4, ... 10 doigts
Je compte mes doigts
Je croise les bras
J'écris avec la main droite.

II. — LECTURE

1ʳ Texte :

Le cou, l'épaule, le bras, la main, le doigt.
Nous avons dix doigts : cinq à la main droite et cinq à la main gauche.

Comptons *nos doigts: un, deux,* **trois, quatre,** *cinq* *six, sept,* **huit.** *neuf, dix.*

En classe, nous **croisons** *les bras.*

Nous **écrivons** *avec la main droite.*

2· Éléments syllabiques semblables

main	main	doigt
demain	mince	le mois
maintenant	vingt	il voit

* *

III. — COPIE.

Le cou, l'épaule, le bras, la main, le doigt.

Nous avons dix doigts: cinq à la main droite et cinq à la main gauche.

Comptons nos doigts: un, deux, trois, quatre, cinq, six, sept, huit, neuf, dix.

En classe, nous croisons les bras.

Nous écrivons avec la main droite.

* *

IV. — DICTÉE.

(Viết trọn hay là một phần bài tập đọc.) | (Tout ou partie du texte de la leçon de lecture.)

17ᵉ LEÇON

I. — EXERCICE DE LANGAGE.

Le **poing,** *un* **coup** *de poing.*

Une **poignée** *de main*

Le **corps**

Je **frappe** *un coup de poing* **sur la** *table*

Assez, cessez.

* *

II. — LECTURE.

1· Texte :

Le poing, un *poing,* deux *poings,* une **poignée** *de main·*
  le corps.

Nous fermons nos deux mains : ils montrent leurs poings.

Le maître dit : « Frappez *du poing sur la table ! »*

Les élèves frappent sur la table avec leurs poings.

Assez ! Cessez ! *dit le maître.*

Les élèves croisent les bras et se **tiennent** *le corps* **droit.**

2· Éléments syllabiques semblables :

poing	*poignée*	*ils tiennent*
joint	*ligne*	*la mienne*
coin	*nous joignons*	*la tienne*
pointe	*vous joignez*	*la sienne*

III. — COPIE.

Le poing, un poing, deux poings, un coup de poing, une poignée
  de main, le corps.

Nous fermons nos deux mains ; ils montrent leurs poings

Le maître dit : « Frappez du poing sur la table ! »

Les élèves frappent sur la table avec leurs poings.

Assez ! Cessez ! dit le maître.

Les élèves croisent les bras et se tiennent le corps droit.

IV. — DICTÉE.

(Viết trọn hay là một phần bài tập đọc). | (Tout ou partie du texte de la leçon de lecture.)

18ᵉ LEÇON

I. — EXERCICE DE LANGAGE.

La **poitrine**, *le* **ventre**, *les* **jambes**, *le* **genou**,
le **pied**.
Je suis **debout**, *je suis* à **genoux**, **assis**.
Je suis **plus grand**, *je suis plus* **petit**.
Je suis **moins** *grand*.

☆☆

II. — LECTURE.

1ᵉ Texte :

La **poitrine**, *le* **ventre**, *la* **jambe**, *une jambe, deux*
jambes, le **genou**, *un genou, le* **pied**, *un pied, les pieds.*
Voici ma poitrine; au-dessous se trouve le ventre. J'ai deux
jambes.
Je suis debout. **Cet** *élève est à genoux. Celui-ci est assis.*
Nam est l'élève **le plus grand** *de la classe.*
Trực est le plus **petit**. *Je suis* **plus** *grand* **que** *Trực.*
Trực est **moins** *grand* **que moi.**

2ᵉ Éléments syllabiques semblables

genou	cet	grand
large	sept	gros
marge	juillet	☆ ☆
page	lettre	quatre
		trois

☆☆

III. — COPIE.

La poitrine, le ventre, la jambe, une jambe, deux jambes, le genou,
le pied, un pied, les pieds.
Voici ma poitrine; au dessous se trouve le ventre. J'ai deux jambes.
Je suis debout. Cet élève est à genoux. Celui-ci est assis.
Nam est l'élève le plus grand de la classe.
Trực est le plus petit. Je suis plus grand que Trực.
Trực est moins grand que moi.

IV. — DICTÉE.

Viết trọn hay là một phần bài tập đọc). | (Tout ou partie du texte de la leçon de lecture.)

19ᵉ LEÇON.

I. — EXERCICE DE LANGAGE.

Les mains **jointes**
Sauter *à pieds joints*
Marcher *à petits* **pas, lentement**
Marcher à grands pas, **vite**
Sauler sur la **pointe** *des pieds.*

***

II. — LECTURE.

1· *Texte*

Vous **joignez** *les mains : vous avez les mains*
    jointes.
Dans la **cour, nous sautons** *à pieds joints.*
Nous **marchons vite ou lentement**
Cel élève marche à petits **pas** *et celui-ci à*
    grands pas.
Nam a **fait** *un grand* **saut.**
Il saute sur la **pointe** *des pieds.*

2· *Éléments syllabiques semblables :*

saul	*cour*	*il marche*
épaule	*jour*	*mardi*
haul	*je courbe*	*marge*
faux	*aujourd'hui*	*large*

***

III. — COPIE.

Vous joignez les mains vous avez les mains jointes.
Dans la cour, nous sautons à pieds joints.
Nous marchons vite ou lentement
Cet élève marche à petits pas et celui-ci à grands pas
Nam a fait un grand saut
Il saute sur la pointe des pieds.

***

IV. — DICTÉE.

(Viết trọn hay là một phần bài tập đọc). | (Tout ou partie du texte de la leçon de lecture)

20ᵉ LEÇON.

Học ôn lại bốn bài trước. | Revision des quatre leçons précédentes.

21ᵉ LEÇON.

I. — EXERCICE DE LANGAGE.

Mon **cahier de devoirs**. Une **page propre**, une **page sale**.
Un devoir **bien** fait, un devoir **mal** fait.
Addition, soustraction.
Juste, faux, fausse.

***

II. — LECTURE.

2ᵉ Texte

J'ai un **cahier de devoirs**. Cette **page est propre**, **celle-ci est sale**.

Voici une **addition**, elle n'est **pas** juste, elle est **fausse**.

Ce devoir est **bien** fait, **mais celui-ci est mal**.

2· Éléments syllabiques semblables :

un	*il* **est**	addi**tion**
lundl	*c'*est	soustrac**tion**

* *

III. — COPIE.

J'ai un cahier de devoirs. Cette page est propre, celle-ci est sale.
Voici une addition, elle est juste. A côté, j'ai fait une soustraction. Elle
n'est pas juste, elle est fausse.

Ce devoir est bien fait, mais celui-ci est mal.

* *

IV. — DICTÉE.

(Viết trọn hay là một phần bài tập đọc). | (Tout ou partie du texte de la leçon de lecture.)

22e LEÇON.

I. — EXERCICE DE LANGAGE.

Une **ligne** droite, **brisée, courbe.**
Je **trace....**
Le **bord** de la table est droit.
Les quatre côtés du tableau sont droits.
Voici la **lettre** M : c'est une ligne brisée.
Les pieds de la chaise sont courbes.

* *

II. — LECTURE.

5· Texte :

L'élève Mạnh **trace** au tableau noir une **ligne** droite, une
ligne **brisée** et une ligne **courbe.**

Le **bord** de la table est droit. Les quatre côtés du tableau
sont droits. La **lettre** M **forme** une ligne brisée. Les pieds de
cette chaise sont courbes.

2· *Éléments syllabiques semblables :*

droite	*brisé*	**trace**
je croise	*côté*	**place**
trois	*fermé*	**ce**

III. — COPIE.

L'élève Mạnh trace au tableau noir une ligne droite, une ligne brisée et une ligne courbe.

Le bord de la table est droit. Les quatre côtés du tableau sont droits. La lettre M forme une ligne brisée. Les pieds de cette chaise sont courbes.

IV. — DICTÉE.

(Viết trọn hay là một phần bài tập đọc). | (Tout ou partie du texte de la leçon de lecture.)

23ᵉ LEÇON.

I. — EXERCICE DE LANGAGE.

Combien *y a-t-il ?*
Combien avons-nous ?
Monsieur.......
Combien as-tu ?

II. — LECTURE.

2° *Texte*

Trực **combien** *y a-t-il d'élèves dans notre classe ?*

Monsieur, *dans notre classe il y a* **trente** *élèves.*

Combien as-tu de plumes ?

Monsieur, j'ai trois plumes.

C'est bien. A toi, Manh. Combien avons-nous
d'oreilles ?

Monsieur, nous avons deux oreilles.
Combien avons-nous d'yeux ?
Monsieur, nous avons deux yeux.

2° *Éléments syllabiques semblables :*

yeux	*combien*	*classe*
vieux	**bien**	*efface*
milieux	*le mien*	*place*

III. — COPIE.

Trực combien y a-t-il d'élèves dans votre classe ?
Monsieur, dans notre classe il y a trente élèves.
Combien as-tu de plumes ?
Monsieur, j'ai trois plumes.
C'est bien.—A toi Manh. Combien avons-nous d'oreilles ?
Monsieur, nous avons deux oreilles.
Combien avons-nous d'yeux ?
Monsieur, nous avons deux yeux.

IV. — DICTÉE.

(Viết trọn hay là một phần bài tập đọc). | (Tout ou partie du texte de la leçon de lecture.)

24ª LEÇON.

I. — EXERCICE DE LANGAGE.

Long, longue, large, court
Haut, bas, milieu, coin
La table est longue
La classe est large
Le tableau ; les quatre coins.

II. — LECTURE.

Cette table est longue, elle n'est pas **large.**

La classe est longue et large. Les cheveux de Manh sont longs, *ceux de Trực sont* **courts.**

Voici le **haut** *du tableau, voici le* **bas,** *voici le* **milieu,** *voici les* **quatre coins.**

2° Éléments syllabiques semblables :

haut	bas	*voici*
au	*la*	*aussi*
tableau	*voilà*	*ceci*

☆
☆ ☆

HI. — COPIE.

Cette table est **longue,** *elle n'est pas large. La classe est longue et* *large. Les cheveux de* **Manh sont** *longs, ceux de Trực sont courts. Voici* *le haut du tableau,* **voici** *le* **bas,** *voici le milieu, voici les quatre coins.*

*
★ ★

IV. — DICTÉE.

(Viết trọn hay là một phần bài tập đọc). | (Tout ou partie du texte de la leçon de lecture.)

~~~~~~~~~~~~~~

25ᵉ LEÇON.

Học ôn lại bốn bài trước. | Revision des quatre leçons précédentes.

26ᵉ LEÇON.

I. — EXERCICE DE LANGAGE.

Un cahier neuf, *un* **vieux** *cahier.*

Une couverture.

Rouge, jaune, bleu.

Propre, sale.

*
★ ★
~~~~~~~~~~~~~~

II. — LECTURE

Mon cahier.

1· Texte

J'ai un cahier **neuf.** *Voici mon* **vieux** *cahier: j'ai* **écrit** *sur toutes les pages.*

Mon cahier neuf a une **couverture rouge.** *Celui de Mạnh a une couverture* **jaune** *et celui de Trực a une couverture* **bleue.**

Mon cahier neuf est propre. Je vais le **couvrir** *pour ne pas le* **salir.**

2· Eléments syllabiques semblables

mon	sur	neuf
nous montrons	le mur	neuve
ils font		jeune
long	dernière	
	mercredi	

III. — COPIE.

Mon cahier.

J'ai un cahier neuf. Voici mon vieux cahier : j'ai écrit sur toutes les pages.

Mon cahier neuf a une couverture rouge. Celui de Mạnh a une couverture jaune et celui de Trực a une couverture bleue.

Mon cahier neuf est propre. Je vais le couvrir pour ne pas le salir.

IV. — DICTÉE.

(Viết trọn hay là một phần bài tập đọc). | (Tout ou partie du texte de la leçon de lecture.)

27ᵉ *LEÇON.*

I. — EXERCICE DE LANGAGE.

Une page, un **trait**, *une ligne, la* **marge**,
une **note.**
Blanc, blanche ; *noir, noire,*
J'écris.

II. — LECTURE.

Mon cahier *(suite)*

1ᵉ Texte :

Mon cahier a **seize** pages. Sur les pages **blanches, il y**
a des **traits** noirs : Ce sont des lignes. J'écris sur les lignes. Ce trait
rouge, c'est la **marge.**

Le maître **met** des **notes** dans la marge.

2ᵉ Éléments syllabiques semblables ou équivalents :

trait	écris	note
treize	mercredi	autre
maître	craie	faute
maison	crayon	

III — COPIE.

Mon cahier *(suite)*

Mon cahier a seize pages. Sur les pages blanches, il y a des traits
noirs : ce sont les lignes.

J'écris sur les lignes. Ce trait rouge, c'est la marge. Le maître met
des notes dans la marge.

IV. — DICTÉE.

(Viết trọn hay là một phần bài tập đọc). | (Tout ou partie du texte de la leçon de lecture.)

28ᵉ LEÇON.

I. — EXERCICE DE LANGAGE.

Le livre de lecture, *une couverture en* carton, *les* feuilles *du livre, le* papier.

Epais, épaisse, mince.
Ne......pas.

* *
*

II — LECTURE.

Mon livre

1ᵉ Texte

J'ai un livre de lecture
La couverture est épaisse : c'est une couverture en carton.
Les feuilles ne sont pas épaisses : elles sont minces.
Le papier est mince, le carton est épais.

2ᵉ Éléments syllabiques semblables :

livre	lecture	mauvais
avril	avec	épais
février		c'était

* *
* *

III — COPIE.

Mon livre

J'ai un livre de lecture.
La couverture est épaisse : c'est une couverture en carton.
Les feuilles ne sont pas épaisses : elles sont minces.
Le papier est mince, le carton est épais.

* *
* *

IV. — DICTÉE.

(Viết trọn hay là một phần bài tập đọc). │ (Tout ou partie du texte de la leçon de lecture.)

29ᵉ LEÇON.

I. — EXERCICE DE LANGAGE.

Le bureau du maître
Gros; moins *gros que*.. **;plus** *gros* **que**...;
Plus de....
Je **lis.**

☆
☆☆

II. — LECTURE.

Mon livre (suite)

1ᵉ Texte .

Sur le bureau du maître, il y a un **gros** livre.

Mon livre de lecture est **moins** gros **que** le livre du maître, mais il est **plus** gros **que** mon cahier: il **a plus de** cinquante pages. **Je lis chaque jour** dans mon livre de lecture.

2ᵉ Éléments syllabiques semblables :

cinquante	**Je**	**dans**
dimanche	Jeudi	encore
an	page	septembre

☆
☆ ☆

III. — COPIE.

Mon livre (suite)

Sur le bureau du maître, il y a un gros livre.

Mon livre de lecture est moins gros que le livre du maître, mais il est plus gros que mon cahier : il a plus de cinquante pages. Je lis chaque jour dans mon livre de lecture.

☆
☆☆

IV. — DICTÉE.

(Viết trọn hay là một phần bài tập đọc).	(Tout ou partie du texte de la leçon de lecture.)

~~~~~~~~

30ᵉ LEÇON.

Học ôn lại bốn bài trước.	Revoir les **quatre leçons** précédentes.

───────~~~~~~~────────
~~~~~~~~

31ᵉ LEÇON.

I. — EXERCICE DE LANGAGE.

Quel âge *as-tu ?*
C'est moi, c'est toi, c'est lui,
An ; *vieux,* **jeune.**
Le **même** *âge* **que.**
Plus vieux que.
Plus jeune que.

II — LECTURE.

Le maître :	*Nam !* **Quel âge** *as-tu ?*
L'élève :	*Monsieur, j'ai neuf* **ans.**
Le maître :	*Et toi, Phước, quel âge as-tu ?*
L'élève :	*Monsieur, j'ai huit ans.*
Le maître :	*Nam est plus vieux que Phước et Phước est plus* **jeune** *que Nam.*
	Qui est-ce qui a encore huit ans ?
L'élève Tiểng :	*Moi, Monsieur.*
Le maître :	*Les élèves Phước et Tiểng ont le* **même** *âge.*

III. — COPIE.

Le maître :	*Nam ! Quel âge as-tu ?*
L'élève :	*Monsieur, j'ai neuf ans.*
Le maître :	*Et toi, Phước, quel âge as-tu ?*
L'élève :	*Monsieur, j'ai huit ans.*
Le maître :	*Nam est plus vieux que Phước et Phước est plus jeune que Nam.*
	Qui est-ce qui a encore huit ans ?
L'élève Tiểng :	*Moi, Monsieur.*
Le maître :	*Les élèves Phước et Tiểng ont le même âge.*

IV. — DICTÉE.

Viết trọn hay là mộ° phần bài tập đọc). | (Tout ou partie du texte de la leçon de lecture.)

32ᵉ LEÇON

I. — EXERCICE DE LANGAGE.

Une année, l'année **prochaine**, l'année **dernière**.
Maintenant.
Le mois, un mois, les douze mois.

Janvier — Février — Mars — Avril — Mai — Juin — Juillet — Août — Septembre — Octobre — Novembre — Décembre.

II. — LECTURE.

L'Année.

Maintenant, nous sommes en 1925, c'est l'année 1925.
L'année **dernière,** c'était l'année 1924.
L'année **prochaine,** ce sera l'année 1926.
Dans une année, il y a douze **mois.**
Les douze mois s'appellent : **janvier. février, mars, avril, mai, juin, juillet, août, septembre, octobre, novembre, décembre.**

III. — COPIE.

L'Année

Maintenant, nous sommes en 1925, c'est l'année 1925.
L'année dernière, c'était l'année 1924.
L'année prochaine, ce sera l'année 1926.
Dans une année, il y a douze mois
Les douze mois s'appellent : janvier, février. mars. avril, mai, juin, juillet, août, septembre, octobre novembre, décembre

IV. — DICTÉE.

| (Viết trọn hay là một phần bài tập đọc). | (Tout ou partie du texte de la leçon de lecture.) |

33e LEÇON.

I. — EXERCICE DE LANGAGE.

Aujourd'hui, c'est...; hier, c'était...; demain, ce sera...

Avant-hier; après-demain.

Lundi, mardi, mercredi, jeudi, vendredi, samedi, dimanche.

II. — LECTURE.

Le mois et la semaine.

Aujourd'hui, *c'est le..... avril 1925.*
Demain, *ce sera le........ avril 1925.*
Hier, *c'était le.......... avril 1925.*
Dans un mois, il y a 30 ou 31 jours.
Aujourd'hui, c'est **mercredi.**
Hier, c'était **mardi** *et* **avant-hier, lundi.**
Demain, ce sera **jeudi** *et* **après-demain, vendredi.**
Il y a sept jours dans une **semaine :** *lundi, mardi, mercredi,
jeudi, vendredi,* **samedi, dimanche.**

III. — COPIE.

Le mois et la semaine

Aujourd'hui, c'est le..... avril 1925.
Demain, ce sera le...... avril 1925.
Hier, c'était le.......... avril 1925.
Dans un mois, il y a 30 ou 31 jours.

Aujourd'hui, c'est mercredi.
Hier, c'était mardi et avant-hier, lundi.
Demain, ce sera jeudi et après-demain, vendredi.
Il y a sept jours dans une semaine : lundi, mardi, mercredi, jeudi,
vendredi, samedi, dimanche.

IV — DICTÉE.

(Viết trọn hay là một phần bài tập đọc).— | (Tout ou partie du texte de la leçon de lecture.)

34ᵉ LEÇON.

I. — EXERCICE DE LANGAGE.

Matin – soir – heure,
Le **soleil** *se lève, le soleil se* **couche.**
Le jour, la **nuit.**

II. — LECTURE.

Le jour ; la nuit

Le **matin,** *nous nous levons à six* **heures.**
Le **soleil** *se lève aussi* **vers** *six* **heures.**
A dix **heures,** *nous* **retournons** *à la* **maison.**
Le soir, nous **revenons** *à l'école à* **deux heures et demie et**
nous y **travaillons jusqu'à** *cinq heures.*
Vers six heures, le soleil se **couche.**
Le jour est **fini :** *c'est la* **nuit.**

III. — COPIE.

Le jour ; la nuit

Le matin, nous nous levons à six heures.
Le soleil se lève aussi vers six heures.
A dix heures, nous retournons à la maison.
Le soir, nous revenons à l'école à deux heures et demie et nous
y travaillons jusqu'à cinq heures.
Vers six heures, le soleil se couche.
Le jour est fini : c'est la nuit.

* *
*

IV. — DICTÉE.

(Viết trọn hay là một phần bài tập đọc). | (Tout ou partie du texte de la leçon de lecture.)

~~~~~~~~~

35ᵉ LEÇON

Học ôn lại bốn bài trước. | Revision des quatre leçons précédentes.
~~~~~~~~~

Matières dont les objets sont faits

36ᵉ LEÇON.

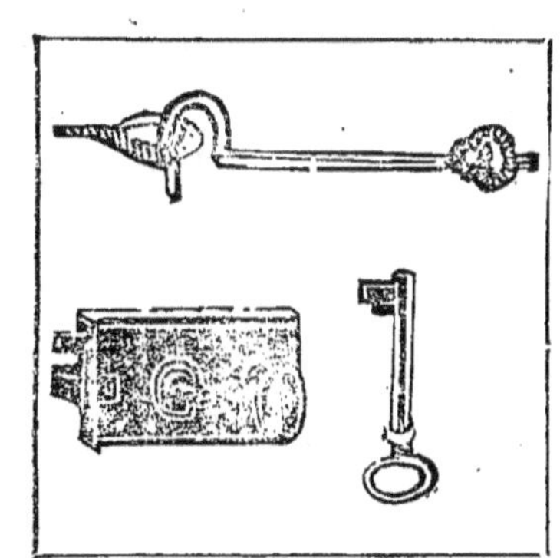

Une serrure, une clef, un crochet.

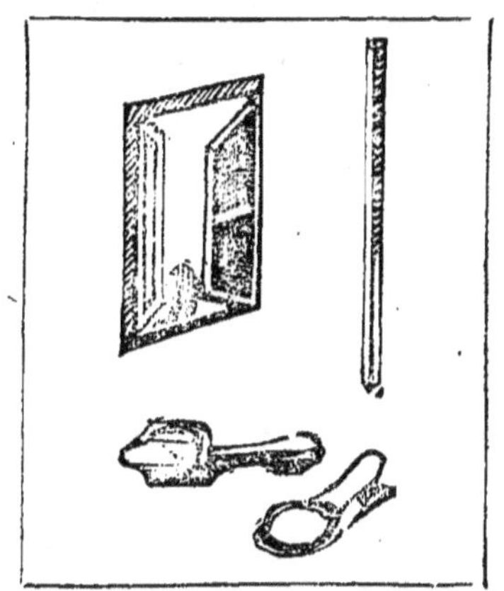

Une fenêtre, des sabots, une règle.

I. — EXERCICE DE LANGAGE.

Du bois — Du fer — Aussi — également.

Des **sabots**, *une* **serrure**, *une* **clef**, *un* **crochet**, *un* **objet**.

Voici du **bois ;** *voici du* **fer.**

La table est en bois.

Les portes et les fenêtres sont en bois.

Ma règle est en bois.

Mes **sabots** *sont en bois… etc…*

Cette **serrure** *est en fer.*

La **clef** *et le* **crochet** *sont en fer… etc…*

II. — LECTURE.

Le bois et le fer.

Dans notre classe, il y a des bancs, des tables, un tableau noir, un bureau qui sont en **bois.** *La porte et les fenêtres sont* **également** *en bois.*

La **serrure,** *la* **clef,** *les* **crochets** *de la porte et des fenêtres sont en fer.*

III. — COPIE.

Le bois et le fer.

Dans notre classe, il y a des bancs, des tables, un tableau noir, un bureau qui sont en bois. La porte et les fenêtres sont également en bois.

La serrure, la clef, les crochets de la porte et des fenêtres sont en fer.

IV. — DICTÉE.

(Viết trọn hay là một phần bài tập đọc). | (Tout ou partie du texte de la leçon de lecture.)

37ᵉ LEÇON.

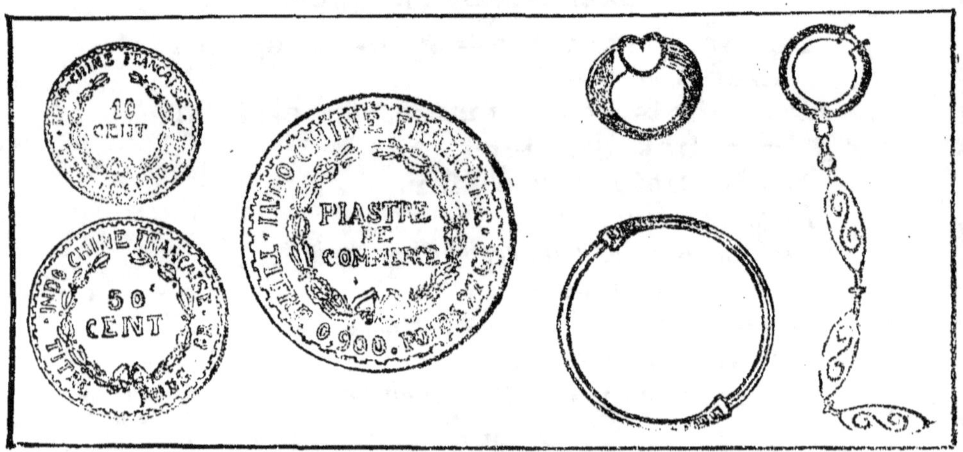

Une pièce de 10 cents, 50 cents, une piastre ; une bague, un collier, une chaîne.

I. — EXERCICE DE LANGAGE.

Une pièce de 10 cents, de 20 cents, une piastre ; ainsi **que.**

Une **bague,** une **chaîne,** des **boutons,** un **collier.**
De l'**argent,** de l'**or,** du **cuivre.**

II. — LECTURE.

L'argent et l'or.

Voici une pièce de dix cents; elle est en argent.

Les pièces de vingt cents et les pièces d'une piastre sont également en argent.

Il y a aussi des bagues, des montres, des colliers en argent.

Cette chaîne de montre est en or ainsi que cette bague.

Les boutons du paletot de Thanh ne sont pas en or: ils sont en cuivre.

III. — COPIE.

L'argent et l'or.

Voici une pièce de dix cents ; elle est en argent.
Les pièces de vingt cents et les pièces d'une piastre sont également en argent.
Il y a aussi des bagues, des montres, des colliers en argent.
Cette chaîne de montre est en or ainsi que cette bague.
Les boutons du paletot de Thanh ne sont pas en or : ils sont en cuivre.

IV. — EXERCICE DE COMPOSITION.

En quoi est le banc sur lequel vous êtes assis ?
Nommez les objets en fer qui se trouvent dans la classe ?
Citez deux objets en argent ?
Citez deux objets en or ?
Citez deux objets en cuivre ?

38ᵉ LEÇON.

I — EXERCICE DE LANGAGE.

Un *paletot*, un **pantalon**, une **robe**.

Des **vêtements** *blancs, des vêtements noirs, des vêtements de couleur.*

Une **étoffe** de **coton**, *une étoffe* de **soie**.

Une robe, un pantalon.

II. — LECTURE

Le coton et la soie.

Nos **vêtements** *sont en* **coton** *ou en* **soie**.

Pour **venir** *à l'école, nous mettons des paletots et des* **pantalons** *en coton blanc, en coton noir, en coton de* **couleur**.

Notre maître a une **robe** *en soie.*

Le dimanche, je ne vais pas à l'école et je mets un paletot et un pantalon en soie.

III. — COPIE.

Le coton et la soie.

Nos vêtements sont en coton ou en soie.

Pour venir à l'école, nous mettons des paletots et des pantalons en coton blanc, en coton noir, en coton de couleur.

Notre maître a une robe en soie.

Le dimanche, je ne vais pas à l'école et je mets un paletot et un pantalon en soie.

IV. — DICTÉE.

(Viết trọn hay là một phần bài tập đọc). | (Tout ou partie du texte de la leçon de lecture.)

39ᵉ LEÇON.

Un chapeau de paille. — Un chapeau de feutre. — Un casque. — Une casquette.

I. — EXERCICE DE LANGAGE.

Un chapeau de **feutre.**
Un chapeau de **paille.**
Un **casque** en **liège,** en **caoutchouc.**
Du liège, du caoutchouc.
Une **casquette** en **étoffe,** en **drap.**

II. — LECTURE.

Le feutre, la paille ; le liège, le caoutchouc ; du drap.

J'ai un **chapeau** neuf : c'est un chapeau de **paille.**

Mon camarade a un chapeau de **feutre.** Hier, il avait une **casquette** de **drap.**

Le **casque** du maître est en **caoutchouc.**

On met un casque lorsqu'on va au **soleil.**

III. — COPIE.

Le feutre, la paille ; le liège, le caoutchouc ; du drap.

J'ai un chapeau neuf : c'est un chapeau de paille.

Mon camarade a un chapeau de feutre. Hier, il avait une cas-quette de drap.

Le casque du maître est en caoutchouc.

On met un casque lorsqu'on va au soleil.

IV. — EXERCICE DE COMPOSITION.

Quels vêtements mettez-vous pour venir en classe?
Le dimanche mettez-vous également des vêtements de coton?
Avez-vous un chapeau, un casque, une casquette?
En quoi est votre chapeau, ou votre casque, ou votre casquette?

40ᵉ LEÇON.

REVISION

Học ôn lại bốn bài trước. | Revoir les quatre exercices précédents.

Actions pouvant être faites en classe

41ᵉ LEÇON.

I. — EXERCICE DE LANGAGE.

Chapeau casque, casquette.

Je me couvre, je me **découvre**. *J'ôte Je* **salue.** *Je* **passe**.

Je mets mon chapeau… mon casque… ma casquette,
Je me couvre, Couvre-toi ! Couvrez-vous !
J'ôte mon chapeau. Je me découvre,
Découvre-toi ! Découvrez-vous !
Je salue mon maître.

Je salue

II. — LECTURE.

Mon chapeau, mon casque, ma casquette.

Pour venir à l'école, je couvre ma tête d'un casque.
Lorsque je **rentre** *dans la classe, j'*ôte *mon casque ; je me* **découvre**
J'ôte également mon casque lorsque je **passe** *à côté de mon maître : je le* **salue.**

III. — COPIE.

Mon chapeau, mon casque, ma casquette.

Pour venir à l'école, je couvre ma tête d'un casque.
Lorsque je rentre dans la classe, j'ôte mon casque ; je me découvre.
J'ôte également mon casque lorsque je passe à côté de mon maître : je le salue.

IV. — DICTÉE.

<table>
<tr><td>(Viết trọn hay là một phần bài tập đọc).</td><td>(Tout ou partie du texte de la leçon de lecture.)</td></tr>
</table>

42e LEÇON.

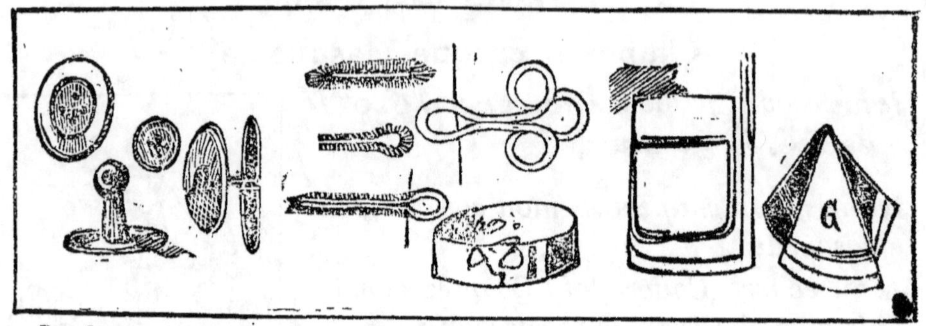

Des boutons — des boutonnières — un col — une poche — un mouchoir

I. — EXERCICE DE LANGAGE.

Le bouton, un bouton; la **boutonnière,** *une boutonnière.*

Le **col,** *un côl; la* **poche,** *une poche; le* **mouchoir**, *un mouchoir.*

Je boutonne, *je* **déboutonne :** *je* **m'habille,** *je* **me déshabille**.

Je boutonne mon paletot. J'ôte mon paletot : Je me déshabille.

Je mets mon paletot : je m'habille.

Je passe mon bras droit dans la **manche** *droite.*

Je passe mon bras gauche dans la manche gauche.

Je boutonne mon col, je boutonne mon paletot.

Je mets mes mains dans mes poches.

Je mets mon mouchoir dans ma poche.

II. — LECTURE.

Je m'habille et je me déshabille.

Le matin, je me lève à six heures. J'ôte mes vêtements de nuit et je m'habille pour venir à l'école. Je mets un paletot et un pantalon de coton noir bien propres.

J'ai, dans ma poche, un **mouchoir** *blanc.*
Lorsque je **retourne** *à la maison, je me* **déshabille** *et je mets d'autres vêtements.*

III. — COPIE.

Je m'habille et je me déshabille.

Le matin, je me lève à six heures. J'ôte mes vêtements de nuit et je m'habille pour venir à l'école. Je mets un paletot et un pantalon de coton noir bien propres.

J'ai, dans ma poche, un mouchoir blanc.

Lorsque je retourne à la maison, je me déshabille et je mets d'autres vêtements.

IV. — EXERCICE DE COMPOSITION.

Que faites-vous lorsque vous passez près de votre maître?
Comment faites-vous pour mettre votre paletot?
Qu'avez-vous dans votre poche?

43e LEÇON.

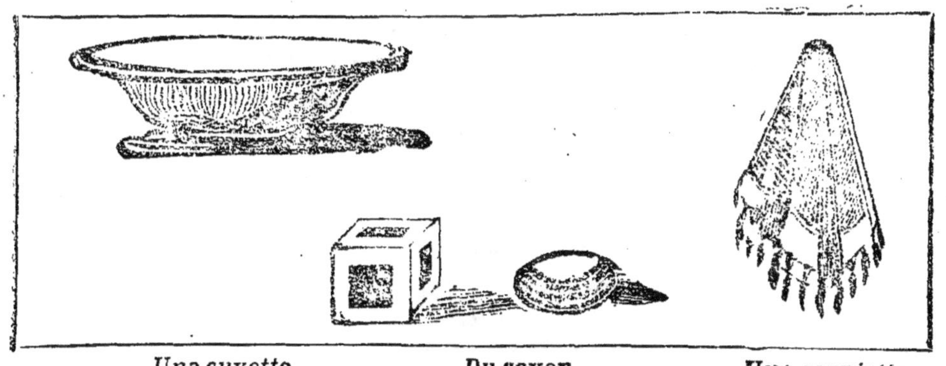

| Une cuvette | Du savon | Une serviette |

I. — EXERCICE DE LANGAGE.

La **cuvette**, *une cuvette: de l'eau;* le **savon**, *un savon, du savon;* la **serviette**, *une serviette.*

*Je me lave ; je **frotte** ; je **trempe** ; je **retrempe** ; je m'essuie.*

Je trempe mes mains dans l'eau.
Je frotte mes mains avec du savon.
Je retrempe mes mains dans l'eau.
Je m'essuie les mains avec une serviette.
Je me lave la figure.
Ma figure et mes mains sont propres.

II. — LECTURE.

Je me lave.

*Avant de venir à l'école, je me **lave** les mains et la figure.*

*Je **trempe** mes mains dans l'eau, je les **frotte** avec du savon, puis je les **retrempe** dans l'eau et je les **essuie** avec une serviette.*

Je me lave aussi la figure, la tête et le cou.

Je vais ensuite à l'école : je suis bien propre.

III. — COPIE.

Je me lave

Avant de venir à l'école, je me lave les mains et la figure.

Je trempe mes mains dans l'eau, je les frotte avec du savon, puis je les retrempe dans l'eau et les essuie avec une serviette.

Je me lave aussi la figure, la tête et le cou.

Je vais ensuite à l'école : je suis bien propre.

IV. — DICTÉE.

(Viết trọn hay là một phần bài tập đọc). | (Tout ou partie du texte de la leçon de lecture.)

44ᵉ LEÇON

REVISION

Đọc ôn lại ba bài trước.   Revision des trois exercices précédents.

45e LEÇON.

Un verre. — Une bouteille.   Une tasse.   Une théière.

I. — EXERCICE DE LANGAGE.

Le **verre**, un verre; la **bouteille**, une bouteille
La **tasse**, une tasse; la **théière**, une théière
Je **verse** ; je **remplis** ; je **bois**
Plein, pleine, **vide** ; **froid**, **chaud**
Je verse de l'eau dans le verre
Je remplis le verre d'eau : le verre est plein
Je bois : l'eau est froide
Mon verre est vide
Je verse du thé dans la tasse
Je remplis la tasse de thé : la tasse est pleine
Je bois : le thé est chaud
Ma tasse est vide.

II. — LECTURE.

L'eau et le thé.

Dans cette **bouteille**, il y a de l'eau. Je **verse** de l'eau dans ce
verre. Le verre est **plein**. Je bois, et maintenant le verre est vide.
L'eau est **froide**.

A la maison, je bois du **thé chaud**.

Le thé est dans la **théière** et, pour boire, je verse le thé dans
une **tasse**.

III. — COPIE.

L'eau et le thé.

Dans cette bouteille, il y a de l'eau. Je verse de l'eau dans ce verre.
Le verre est plein. Je bois, et maintenant le verre est vide.
L'eau est froide.
A la maison, je bois du thé chaud.
Le thé est dans la théière et, pour boire, je verse le thé dans une tasse.

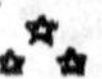

IV. — EXERCICE DE COMPOSITION.

Que buvez-vous ?
Est-ce que le thé que vous buvez à la maison est froid ?

46ᵉ LEÇON

I. — EXERCICE DE LANGAGE.

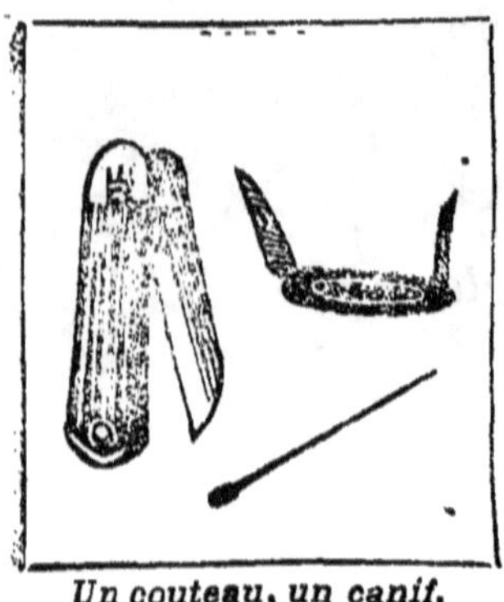

Un couteau, un canif,
une épingle

Le **couteau**, un couteau ; le **canif**, un canif ; l'**épingle**, une épingle.
La **lame** du couteau, le manche du couteau.
Un petit couteau s'appelle un canif.
Je **taille** mon crayon.
Mon crayon est **pointu**.
Quand j'**appuie** la **pointe** du crayon sur ma main, elle **pique**.
La plume est pointue, elle **pique**.
Je pique ma main avec une épingle.

II. — LECTURE.

Je taille mon crayon.

Dans ma poche, j'ai un petit **canif**.
Avec ce canif, je **taille** mon crayon.

L'élève Sanh a un **couteau** *de poche. Son couteau est plus grand que mon canif. Sanh taille également son crayon avec son couteau.*

Lorsque les crayons sont bien taillés, le **bout est pointu** *comme la* **pointe** *d'une* **épingle.**

Le crayon, l'épingle, le bout de la **lame** *du couteau piquent quand on* **appuie** *leur pointe sur la main.*

☆☆

III. — COPIE.

Je taille mon crayon.

Dans ma poche, j'ai un petit canif.
Avec ce canif, je taille mon crayon.
L'élève Sanh a un couteau de poche. Son couteau est plus grand que mon canif Sanh taille également son crayon avec son couteau.
Lorsque les crayons sont bien taillés, le bout est pointu comme la pointe d'une épingle.
Le crayon, l'épingle. le bout de la lame du couteau piquent quand on appuie leur pointe sur la main.

☆☆

IV. — DICTÉE.

(Viết trọn hay là một phần bài tập đọc). | (Tout ou **partie du texte de la leçon de** lecture.)

〜〜〜〜

47ᵉ LEÇON

I. — EXERCICE DE LANGAGE.

Une plume **cassée,** *une plume neuve.*
Je **change** *ma plume.*
Ma plume est sale, je **nettoie** *ma plume.*
Une **tache** *d'encre; mon cahier est* **taché.**
Le buvard, un buvard.
Je **sèche** *la tache d'encre avec mon buvard.*
La tache est **sèche.**

☆☆

II. — LECTURE.

Une plume cassée ; une tache d'encre

J'ai **cassé** ma plume et je ne peux plus écrire.

Le maître me **donne** une plume neuve. Je change ma plume et je peux écrire maintenant.

J'ai fait une **tache** sur mon cahier de devoirs.

Je sèche cette tache avec mon buvard.

C'est fait, la tache d'encre est sèche et je vais l'effacer avec ma gomme.

III. — COPIE.

Une plume cassée ; une tache d'encre

J'ai **cassé** ma plume et je ne peux plus écrire.

Le maître me donne une plume neuve. Je change ma p'ume et je peux écrire maintenant.

J'ai fait une tache sur mon cahier de devoirs.

Je sèche cette tache avec mon buvard.

C'est fait, la tache d'encre est sèche et je vais l'effacer avec ma gomme.

IV. — DICTÉE.

(Viết trên hay là một phần bài tập đọc). | (Tout ou partie du texte de la leçon de lecture.)

48ᵉ LEÇON.

REVISION.

Học ôn lại ba bài trước. | Revision des trois exercices précédents.

En dehors de l'école.

49ᵉ LEÇON.

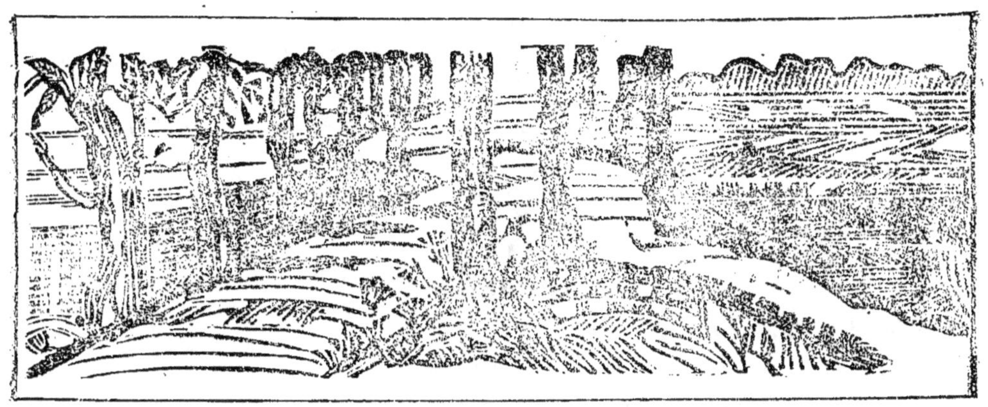

La route,   les arbres,   le sentier

I. — EXERCICE DE LANGAGE.

La **route**, *une route ; le* **chemin**, *un chemin ; le* **sentier** *un sentier.*

*L'***arbre**, *un arbre ; la* **branche**, *une branche ; la feuille, une feuille ; une feuille* **morte**, *des feuilles mortes.*

Pour aller à ....; qui **conduit** *à .....*

Les feuilles mortes **tombent**

Voici la route qui conduit de l'école à la maison.

Voici le chemin qui conduit à la maison.

Pour aller à la maison, je prends ce chemin.

Sur le bord du chemin, il y a des arbres.

Voici un arbre. Cet arbre a des branches et des feuilles.

Voici une branche ; une grosse branche, une petite branche.

Voici une feuille ; cette feuille est verte.

Une feuille morte.

Les feuilles mortes sont jaunes.

Les feuilles mortes tombent sur le chemin.

II. — LECTURE.

Les arbres.

Voici le **chemin** qui **conduit** à l'école. Sur le bord de ce chemin, il y a de grands **arbres**. Les arbres ont de grosses **branches** et de petites branches. Les arbres sont **couverts** de feuilles vertes. Quelques feuilles sont jaunes ; elles sont **mortes**, elles tombent sur le chemin. Au mois de janvier, les arbres **laissent** tomber beaucoup de feuilles mortes qui couvrent le chemin.

★ ★

III. — COPIE.

Les arbres.

Voici le chemin qui conduit à l'école. Sur le bord de ce chemin, il y a de grands arbres. Les arbres ont de grosses branches et de petites branches. Les arbres sont couverts de feuilles vertes. Quelques feuilles sont jaunes ; elles sont mortes, elles tombent sur le chemin. Au mois de janvier, les arbres laissent tomber beaucoup de feuilles mortes qui couvrent le chemin.

★ ★

IV. — DICTÉE.

(Viết trọn hay là một phần bài tập đọc). | (Tout ou partie du texte de la leçon de lecture.)

~~~~~~~~~~

50e LEÇON

Une maison

Une paillote

I. — EXERCICE DE LANGAGE.

Une **maison**, une **paillote** ; des maisons des paillotes
Un **marché**, le marché
~~~~~~~~~~

L'homme, *un homme ; la* **femme**, *une femme*
Des *hommes, des femmes*
L'enfant, *un enfant, des enfants*
Je rencontre ; *les enfants* **jouent**
Sur le chemin, je rencontre aussi des hommes et des femmes.
Les enfants jouent sur le chemin
Les hommes et les femmes vont au marché.

II. — LECTURE.

Sur le chemin

Lorsque je vais à l'école, je rencontre sur mon chemin des **enfants qui jouent:** *ils sont encore trop jeunes pour aller en classe. Quand ils auront sept ans, ils viendront, eux aussi, à l'école. Je rencontre également des* **hommes** *et des* **femmes** *qui* **se rendent au marché.**

Ces hommes et ces femmes marchent vite.

III. — COPIE.

Sur le chemin.

Lorsque je vais à l'école, je rencontre sur mon chemin des enfants qui jouent: ils sont encore trop jeunes pour aller en classe. Quand ils auront sept ans, ils viendront, eux aussi, à l'école. Je rencontre également des hommes et des femmes qui se rendent au marché.

Ces hommes et ces femmes marchent vite.

IV. — EXERCICE DE COMPOSITION.

1° Qu'y a-t-il au bord du chemin ?
2° De quoi les arbres sont-ils couverts ?
3° Quelle est la couleur des feuilles ?
4° Est-ce que les feuilles sont toujours vertes?
5" Qu'arrive-t-il lorsque les feuilles sont jaunes?

51ᵉ LEÇON.

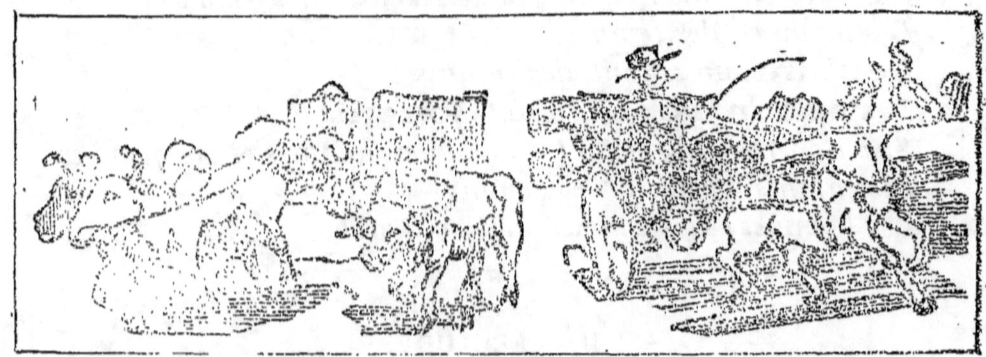

Une charrette, deux bœufs, un bâtis — une voiture — un cheval

I. — EXERCICE DE LANGAGE.

La **charrette**, une charrette : la **voiture**, une voiture.

Le **cheval**, un cheval : le **bœuf**, un bœuf ; le **buffle**, un buffle.

Le **conducteur**, un conducteur : le **cocher**, un cocher.

Le cheval marche au **pas**, au **trot**, au **galop** : il **trotte**, il **galope**.

Le bœuf marche au pas, au trot, au galop ; il trotte, il galope.

Le cheval traîne la voiture.

L'homme qui conduit la voiture s'appelle le cocher.

Le bœuf et le buffle traînent les charrettes.

L'homme qui conduit la charrette s'appelle le conducteur.

II. — LECTURE.

Sur la route

Sur la route qui conduit à l'école, je rencontre des **voitures** traînées par des chevaux. Les chevaux vont quelquefois au pas. Quelquefois, ils **trottent** ou **galopent**.

Les bœufs et les buffles traînent les charrettes. Ils ne vont pas vite, mais ils savent également trotter et galoper.

III. — COPIE.

Sur la route.

Sur la route qui conduit à l'école, je rencontre des voitures traînées par des chevaux. Les chevaux vont quelquefois au pas. Quelquefois, ils trottent ou galopent.

Les bœufs et les buffles traînent les charrettes. Ils ne vont pas vite, mais ils savent également trotter et galoper.

*
* *

IV. — DICTÉE.

(Viết trọn hay là một phần bài tập đọc). | (Tout ou partie du texte de la leçon de lecture.)

~~~~~~~~~~

52ᵉ LEÇON

REVISION.

Học ôn lại ba bài trước. | Revision des trois exercices précédents.

53ᵉ LEÇON.

I. — EXERCICE DE LANGAGE.

La rizière, une rizière; le paddy, du paddy.
Une tige de paddy ; un épi de paddy
Un grain de paddy. Le paddy est jaune
J'enlève l'enveloppe jaune: voici un grain de riz.
Le riz est blanc. L'enveloppe jaune s'appelle bale.
On brûle la bale de paddy. On mange le riz.
Je mange tous les jours du riz.

Une tige de paddy — un épi.

*
* *
~~~~~~~~~~

II. — LECTURE.

Le riz.

A côté de l'école, il y a de grandes **rizières.**

Aux mois de décembre et de janvier, ces rizières sont **couvertes** *d'épis de* **paddy**. *Ces épis sont formés de* **grains.** *Les grains de paddy sont* **enfermés** *dans une* **enveloppe** *jaune qu'on appelle* **bale.** *Lorsqu'on* **enlève** *la bale, on a un grain tout blanc: c'est le riz.*

Le riz est très bon : j'en **mange** *tous les jours.*

III. — COPIE

Le riz.

A côté de l'école, il y a de grandes rizières.

Aux mois de décembre et de janvier, ces rizières sont couvertes d'épis de paddy. Ces épis sont formés de grains. Les grains de paddy sont enfermés dans une enveloppe jaune qu'on appelle bale. Lorsqu'on enlève la bale, on a un grain tout blanc: c'est le riz,

Le riz est très bon: j'en mange tous les jours.

IV. — DICTÉE.

(Viết trọn hay là một phần bài tập đọc). | (Tout ou partie du texte de la leçon de lecture.)

54ᵉ LEÇON.

I. — EXERCICE DE LANGAGE.

La **charrue**, *une charrue; la* **herse**, *une herse.*
Le **cultivateur**, *un cultivateur.*
Le buffle **tire** *la charrue*
Un homme **dirige** *la charrue*
La charrue **retourne** *la terre*
La herse **brise** *la terre*
Les hommes qui **cultivent** *la terre s'appellent cultivateurs.*

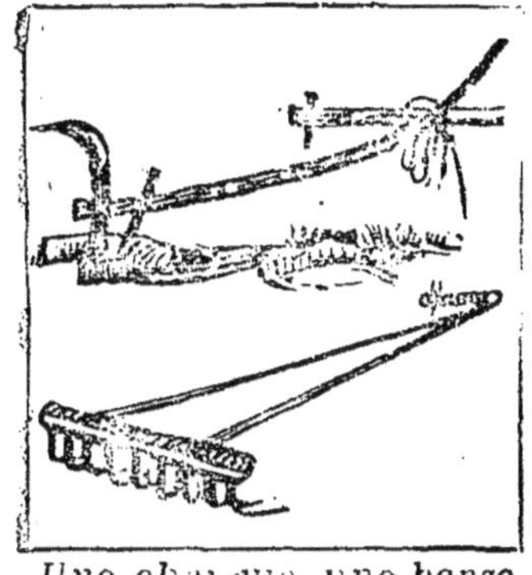
Une charrue, une herse

II. — LECTURE.

Le cultivateur

Le **cultivateur** *se lève* **de bonne heure** *et conduit ses buffles dans la rizière. Les buffles* **tirent** *la* **charrue** *ou la* **herse.** *Le cultivateur* **dirige** *la charrue ou la hers .*

La charrue retourne la terre. La terre est ensuite **brisée** *par la herse.*

C'est le cultivateur qui fait **pousser** *le bon riz que nous mangeons tous les jours.*

III. — COPIE.

Le cultivateur.

Le cultivateur se lève de bonne heure et conduit ses buffles dans la rizière. Les buffles tirent la charrue ou la herse. Le cultivateur dirige la charrue ou la herse.

La charrue retourne la terre. La terre est ensuite brisée par la herse.

C'est le cultivateur qui fait pousser le bon riz que nous mangeons tous les jours.

IV. — EXERCICE DE COMPOSITION.

1° *Comment appelle-t-on les hommes qui travaillent la terre ?*
2° *Qui est-ce qui tire la charrue, la herse ?*
3° *Que fait la charrue ?*
4° *Que fait la herse ?*
5° *Pourquoi le cultivateur travaille-t-il la terre ?*

55ᵉ LEÇON.

Des hommes, des femmes, des enfants repiquent le paddy

I. — EXERCICE DE LANGAGE.

Les cultivateurs **sèment** le paddy.

Des hommes et des femmes **arrachent** les petites
  tiges de paddy.

Des hommes, des femmes, des enfants **repiquent**
  le paddy.

Les tiges de paddy sont vertes.

Les tiges de paddy **grandissent :** elles de-
  viennent jaunes.

Quand les tiges de paddy sont jaunes, le paddy est
  mûr.

II. — LECTURE.

Le paddy

Les grains de paddy sont **semés** *dans un coin de la rizière par le cultivateur.*

Les jeunes tiges de paddy sont ensuite **arrachées,** *puis des hommes, des femmes, des enfants les* **repiquent** *dans la rizière.*

Les tiges de paddy sont d'abord vertes ; elles grandissent et elles **deviennent** *jaunes.*

Au bout des tiges, on voit des épis. Ce sont des épis de paddy qui nous **donneront** *de bons grains de riz.*

III. — COPIE.

Le paddy.

Les grains de paddy sont semés dans un coin de la rizière par le cultivateur.

Les jeunes tiges de paddy sont ensuite arrachées, puis des hommes, des femmes, des enfants les repiquent dans la rizière.

Les tiges de paddy sont d'abord vertes ; elles grandissent et elles deviennent jaunes.

Au bout des tiges, on voit des épis. Ce sont des épis de paddy qui nous donneront de bons grains de riz.

IV. — DICTÉE.

(Viết trọn hay là một phần bài tập đọc). | (Tout ou partie du texte de la leçon de lecture.)

56ᵉ LEÇON.

REVISION

Học ôn lại ba bài trước. | Revision des trois exercices précédents.

57e LEÇON.

I. — EXERCICE DE LANGAGE.

Une brique, une tuile

La **maison**, *une maison;* la **pail-
lote**, *une paillote*
La **brique**, *une brique;* la **tuile**, *une
tuile*
Une feuille de **palmier d'eau**, *une*
tablette *de tranh*
Des **planches**, *une* **cloison** *en
planches*
Du **bambou**; *une cloison en bambous*
De a terre, de la paille; un mur en **tor-
chis**
Ma maison est **construite** *en....*
Ma maison est couverte en.....

* *
*

II. — LECTURE.

Ma maison.

Ma maison est petite. Elle se trouve au bord de la route. Elle **est**
construite *en* **briques** *et est couverte en* **tuiles.**

A côté de ma maison, il y en a d'autres qui sont couvertes **en
paillote** *et dont les murs sont des* **cloisons en planches.**

* *
*

III. — COPIE.

Ma maison.

*Ma maison est petite. Elle se trouve au bord de la route. Elle est
construite en briques et est couverte en tuiles.*

*A côté de ma maison, il y en a d'autres qui sont couvertes en pail-
lote et dont les murs sont des cloisons en planches.*

* *
*

IV. — DICTÉE.

(Viết trọn hay là một phần bài tập đọc). | (Tout ou partie du texte de la leçon de lecture.)

58ᵉ LEÇON

Un lit de camp, une natte,   *l'autel des ancêtres*   *une chaise, un fauteuil,*
une moustiquaire   *une armoire*

I. — EXERCICE DE LANGAGE.

Un **lit de camp**, une **natte**, un **coussin**,
  une **moustiquaire**
Une table, une **chaise**, un **fauteuil**
Une **armoire**, *l'autel* des **ancêtres**
J'enroule, je **déroule** *ma natte sur le lit de*
  camp
Je **dors** *sur le lit de camp*
Je **repose** *ma tête sur un coussin*
Je dors sous une moustiquaire
Voici une table, une chaise, un fauteuil
Voici l'autel des ancêtres
Le lit de camp, la table, la chaise, l'armoire sont des
  meubles.

II. — LECTURE.

Quelques meubles de la maison

Lorsqu'on rentre dans une maison annamite, on voit surtout un ou plusieurs lits de camp sur lesquels sont posés des nattes et des coussins.

On y voit également des chaises et des fauteuils, des armoires et des tables.

Au milieu de la maison se trouve l'autel des ancêtres.

III. — COPIE.

Quelques meubles de la maison.

Lorsqu'on rentre dans une maison annamite, on voit surtout un ou plusieurs lits de camp sur lesquels sont posés des nattes et des coussins.

On y voit également des chaises et des fauteuils, des armoires et des coussins.

Au milieu de la maison se trouve l'autel des ancêtres.

IV. — EXERCICE DE COMPOSITION.

Votre maison

1° En quoi est construite votre maison ?

2° Quels sont les meubles qui se trouvent dans votre maison ?

59ᵉ LEÇON

I. — EXERCICE DE LANGAGE.

Une marmite, du feu,
un fourneau

La cuisine, le feu, le fourneau.
Les marmites en terre, les bols,
    les baguettes.
La jarre, l'eau.
La tasse, le plateau, la théière, le thé.
Les fourneaux, les marmites, les jarres,
    les bols sont dans la cuisine
Ma mère fait du feu dans le fourneau.
Ma mère fait cuire du riz dans la mar-
    mite en terre.
Dans la jarre, il y a de l'eau.
Nous mangeons du riz dans des bols à l'aide de baguettes.
Nous buvons du thé dans des tasses.
Le thé se trouve dans la théière.

II. — LECTURE.

Dans la cuisine.

Ma mère se tient presque toujours dans la cuisine. Elle fait du feu dans le fourneau et fait cuire le riz dans une grande marmite en terre. Elle met du thé dans la théière et verse dessus de l'eau très chaude.

Dans la cuisine, il y a encore une grande jarre pleine d'eau, des bols, des tasses, des baguettes, des plateaux.

III. — COPIE.

Dans la cuisine.

Ma mère se tient presque toujours dans la cuisine. Elle fait du feu dans le fourneau et fait cuire le riz dans une grande marmite en terre. Elle met du thé dans la théière et verse dessus de l'eau très chaude.

Dans la cuisine, il y a encore une grande jarre pleine d'eau, des bols, des tasses, des baguettes, des plateaux.

IV. — DICTÉE.

(Viết trọn hay là một phần bài tập đọc.) | (Tout ou partie du texte de la leçon de lecture.)

60ᵉ LEÇON

REVISION

Học ôn lại ba bài trước. | Revision des trois exercices précédents.

61ᵉ LEÇON.

L'enfant va à l'école   Le père travaille   La mère prépare les aliments

I. — EXERCICE DE LANGAGE

Le **père**, un père; mon, ton, son. père
La **mère**, une mère; ma, ta, sa....mère
Le **frère**, un frère; la **sœur,** une sœur
Mon, ton, son....frère
Ma, ta, sa.....sœur
Le père travaille......
La mère **prépare** les aliments....
La mère **soigne** les enfants ....
Mon frère va à..., mes frères vont à.....
Ma sœur reste à..., mes sœurs restent à...

✿
✿✿

II. — LECTURE.

Les habitants de la maison.

C'est la **mère** *qui* **s'occupe** *des* **soins** *de la maison.* *Elle fait* **cuire** *les* **aliments** *et* **répare** *les vêtements du* **père** *et des enfants.*

Le père travaille **souvent** *au* **dehors.**

Les **frères** *et les* **sœurs** restent *à la maison lorsqu'ils sont* **petits,** *mais, lorsqu'ils sont plus grands, ils vont à l'école.*

A **midi** *et le* **soir,** *tous les habitants de la maison sont* **réunis.**

* * *

III. — COPIE.

Les habitants de la maison.

C'est la mère qui s'occupe des soins de la maison. Elle fait cuire les aliments et répare les vêtements du père et des enfants.

Le père travaille souvent au dehors.

Les frères et les sœurs restent à la maison lorsqu'ils sont petits, mais, lorsqu'ils sont plus grands, ils vont à l'école.

A midi et le soir, tous les habitants de la maison sont réunis.

IV — DICTÉE.

(Viết trọn hay là một phần bài tập đọc).	(Tout ou partie du texte de la leçon de lecture.)

~~~~~~
~~~~~~

62ᵉ LEÇON

I. — EXERCICE DE LANGAGE.

Un jardin

Le **jardin**, un jardin.
La **palissade**, une palissade; la **haie**, une haie.
Les **légumes**; les arbres **fruitiers**: bananier, manguier, oranger.
Un **plant** de **bétel**.
Une **fleur**, la fleur; les fleurs sont **jolies**.
Je **cueille** une fleur
Les fleurs **sentent bon.**

II. — LECTURE.

Le jardin

Autour de ma maison, il y a un joli jardin, entouré d'une haie bien taillée.

Près de la route, il y a beaucoup de fleurs et quelques arbres fruitiers : des bananiers, des orangers et un manguier.

Au fond du jardin, ma mère cultive des légumes et soigne quelques plants de bétel.

Le soir, je vais souvent m'asseoir sur le banc qui se trouve au milieu du jardin.

III. — COPIE.

Le jardin.

Autour de ma maison, il y a un joli jardin, entouré d'une haie bien taillée.

Près de la route, il y a beaucoup de fleurs et quelques arbres fruitiers : des bananiers, des orangers et un manguier.

Au fond du jardin, ma mère cultive des légumes et soigne quelques plants de bétel.

Le soir, je vais souvent m'asseoir sur le banc qui se trouve au milieu du jardin.

IV. — EXERCICE DE COMPOSITION.

1° *Y a-t-il un jardin autour de votre maison ?*
2° *Quels sont les arbres fruitiers que l'on trouve dans les jardins ?*

63ᵉ LEÇON.

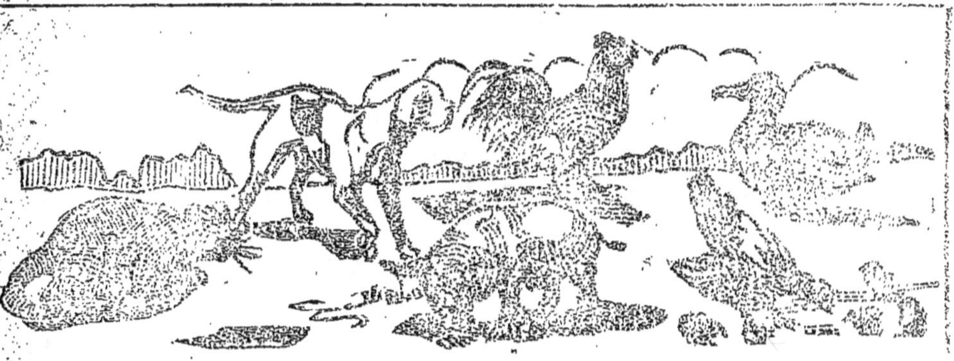

In chat — un chien — un cochon — un coq — une poule — des poussins

I. — EXERCICE DE LANGAGE.

Le chien, un chien ; le chat, un chat
Le coq, la **poule**, *le* **poulet ;** *le ca-*
  nard
Le **cochon**, *le* **porc**
Le chien **aboie ;** *il* **garde** *la maison*
Le chat **miaule ;** *il mange les* **souris** *et*
  les **rats**
Le coq **chante ;** *les poules* **pondent** *des*
  œufs
Le cochon **grogne.**

II. — LECTURE.

Les animaux domestiques

Dans la maison et autour de la maison **vivent** *des animaux*
qui sont très **utiles** *à l'homme. Ce sont des animaux domestiques.*

  Le **chien garde** *la maison ; il* **aboie.** *Le chat mange les rats*
et les **souris.**

Dans le jardin, il y a des **poules** *qui nous donnent de bons œufs. Elles entourent le* **coq** *qui, tous les matins, nous réveille par son* **chant.**

Au fond du jardin, près de la cuisine, on voit souvent un gros **cochon.**

III. — COPIE.

Les animaux domestiques.

Dans la maison et autour de la maison vivent des animaux qui sont très utiles à l'homme. Ce sont des animaux domestiques.

Le chien garde la maison ; il aboie. Le chat mange les rats et les souris.

Dans le jardin, il y a des poules qui nous donnent de bons œufs. Elles entourent le coq qui, tous les matins, nous réveille par son chant.

Au fond du jardin, près de la cuisine, on voit souvent un gros cochon.

IV. — DICTÉE.

(Viết trọn hay là một phần bài tập đọc). | (Tout ou partie du texte de la leçon de lecture.)

---

64 LEÇON.

REVISION

Học ôn lại ba bài trước. | Revision des trois exercices précédents.

RÉCITATION

Le coq.

C'est moi le coq ! **Coquerico !**
Ma **crête** *sur mon bec se* **dresse,**
Rouge comme un **coquelicot.**
Je fais la **guerre** *à la* **paresse ;**
Je chante avant le jour : Debout ! **Coquerico !**

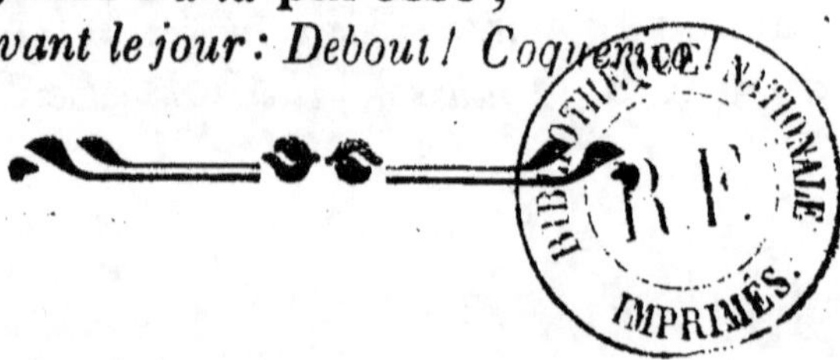

SÁCH MỚI IN RỒI :

Minh Tâm P. Ký, cuốn thứ nhứt giá là	1 $ 00
Chuyện đời xưa P. Ký	0 60

Tirage 23.000 Exemplaires

Saigon Le 24 / 9 / 192

9 782329 090450